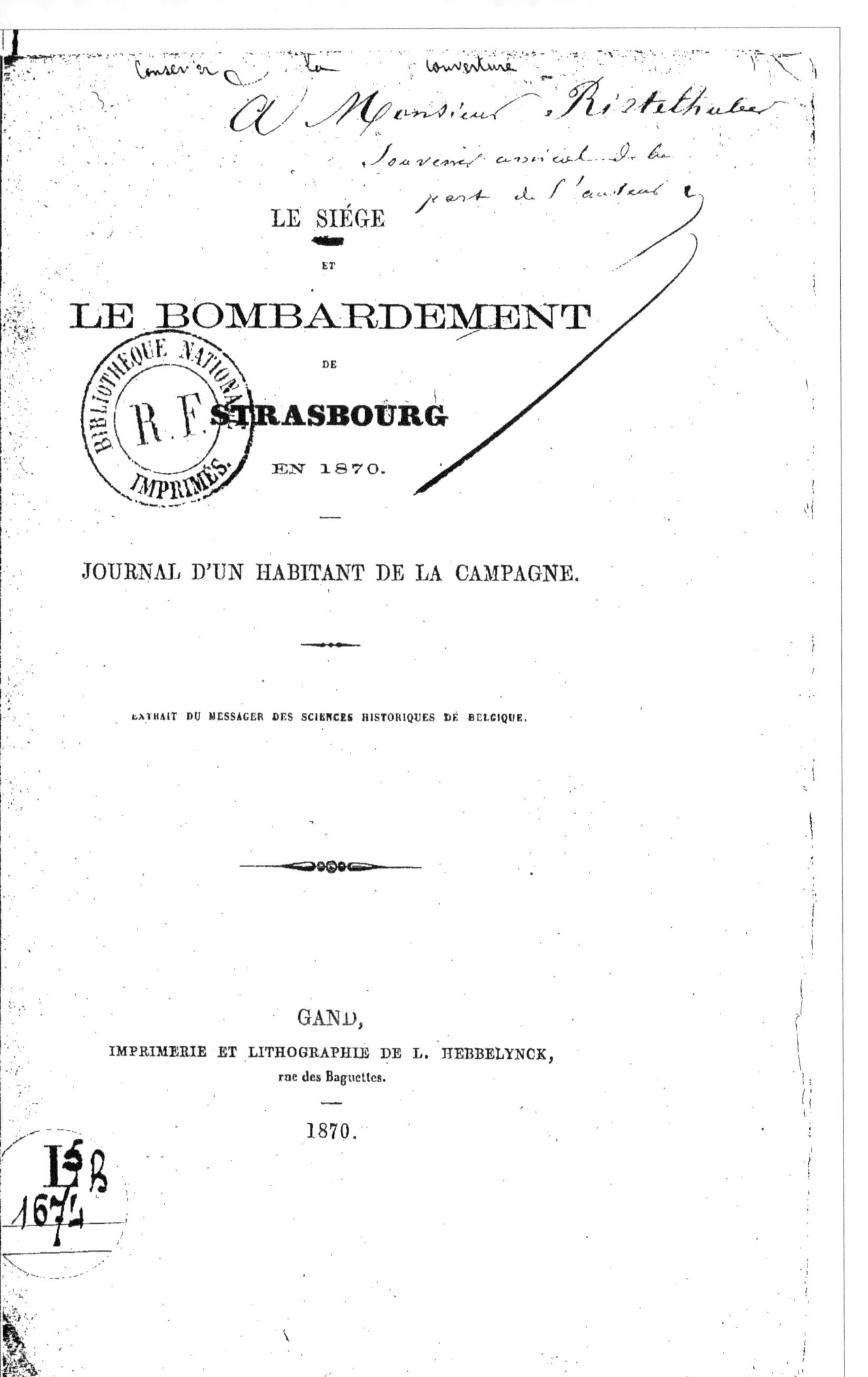

LE SIÉGE

ET

LE BOMBARDEMENT

DE

STRASBOURG

EN 1870.

—

JOURNAL D'UN HABITANT DE LA CAMPAGNE.

EXTRAIT DU MESSAGER DES SCIENCES HISTORIQUES DE BELGIQUE.

GAND,

IMPRIMERIE ET LITHOGRAPHIE DE L. HEBBELYNCK,

rue des Baguettes.

1870.

LE SIÉGE

ET

LE BOMBARDEMENT

DE

STRASBOURG

EN 1870.

—

JOURNAL D'UN HABITANT DE LA CAMPAGNE.

EXTRAIT DU MESSAGER DES SCIENCES HISTORIQUES DE BELGIQUE.

GAND,

IMPRIMERIE ET LITHOGRAPHIE DE L. HEBBELYNCK,

rue des Baguettes.

—

1870.

Quelques jours après la capitulation de Strasbourg, nous expédiâmes à tout hasard, à un de nos amis qui habite près de là, le Baron M. de R..., une lettre pour lui demander de ses nouvelles. Dans sa réponse, qui fit cesser nos alarmes à son égard, il nous offrit pour la Revue, une relation du siége de Strasbourg : le comité accueillit cette proposition avec empressement, et comme la lettre que nous reçumes est également intéressante, notre ami nous autorisa à la publier en tête de son récit.

Bischheim, près Strasbourg, 7 novembre 1870.

Mon cher Monsieur Varenbergh,

Je ne saurais assez vous exprimer le plaisir que m'a procuré votre bonne petite lettre; elle est empreinte de tant de sollicitude pour ma personne et pour celle de mon excellente épouse! Vous avez craint que le bombardement de Strasbourg m'eût été fatal : il n'a eu pour effet que de m'attrister profondément, et de me prouver à quels excès peuvent se porter des hommes de guerre, pour contenter ce qu'ils appellent la gloire et que le philosophe moins enthousiaste appelle de la barbarie. Qu'avaient à se reprocher en effet les quarante mille victimes non armées de cette malheureuse ville, que l'incendie a dévorée. Qu'avaient à se reprocher ceux qui échappés à ces mille bombes lancées sur les temples, sur les monuments publics, sur cette magnifique œuvre d'Erwin de Steinbach (1), sur cette bibliothèque si riche en manuscrits, dont la perte est irréparable; ils se sont vus obligés de quitter leur toit pour aller sur le sol helvétique jouir de l'hospitalité qui leur était offerte : sans maison, sans ménage, sans argent, ils se demandent ce qu'ils deviendront.

Plus heureux qu'eux, je n'ai rien perdu, j'ai eu le courage de rester chez moi, lorsque déjà, tout se préparait à fuir les trois villages qui s'élèvent sur la colline qui domine Strasbourg. Ma chère femme, toute malade qu'elle est, a eu le courage de ne pas me quitter; notre propriété est restée intacte, et nous n'avons eu pour tout dégât qu'une vingtaine de tuiles à remplacer sur la toiture, où les éclats d'obus se sont arrêtés. Ces projectiles, lancés on ne sait trop pourquoi de la ville, ont causé la mort de cinq personnes et l'incendie d'une seule propriété dans Bischheim. Schiltigheim, beaucoup plus rapproché de la forteresse, a plus souffert.

Du reste, mon cher Monsieur, il est bon d'avoir un nom un peu connu : grâce à celui que je porte, j'ai eu à me louer des égards des généraux prussiens qui commandaient dans nos trois villages, où ils avaient établi leur quartier-général. Je n'ai donc presque pas eu de logements, et par conséquent très-peu de relations avec les troupes étrangères. Quand des officiers, trop pressés de s'établir sous mon toit, m'impatientaient, j'ai toujours eu le bonheur de trouver auprès des généraux, satisfaction et protection.

(1) La cathédrale.

Je puis dire que le torrent qui nous a inondé, m'a laissé comme une oasis, au milieu de son flot destructeur.

La Baronne de R... me charge de vous exprimer combien votre bon souvenir lui a fait du bien. Vous concevez ses émotions et ses craintes, pendant que si près de nous tonnaient les batteries qui lançaient leurs projectiles sur la forteresse. Ces cinq semaines de siége ont été certes l'époque de notre vie où nous avons couru le plus de dangers; mais enfin, nous avons, comme je vous l'ai dit, été préservés de tout dégât, et nous n'avons à redouter désormais que les suites funestes de cette guerre qui, dans les fastes historiques de notre belle France, sera certes la plus lamentable.

J'ai pris quelques notes, jour par jour, sur le siége de Strasbourg; si vous pensez qu'elles puissent paraître dans la Revue, je les coordonnerai, pour en faire un article que je vous enverrai.

Dans l'attente de votre réponse, recevez mon cher Monsieur, l'expression de mes sentiments les plus affectueux.

M. DE R...

Voici maintenant les notes du Baron de R... Ce document, bien que tout-à-fait contemporain, ne pourra manquer d'être agréable aux lecteurs du *Messager;* il a d'autant plus de prix que le narrateur joua un certain rôle dans les événements qu'il raconte.

Strasbourg est dominé au nord par une ondulation de terrain, sur lequel s'étendent, rapprochées l'une de l'autre, les trois communes de Schiltigheim, de Bischheim et de Hœnheim. Les dernières maisons de chaque village touchent aux maisons du village voisin. C'est surtout sur la grande route qui, à l'extrémité de Hœnheim se partage en deux branches, dont l'une va aboutir au Rhin à la Wantzenau, et dont l'autre se dirige vers Reichstett et va joindre la route de Haguenau à Brumath, que cette continuité est la plus apparente. Un autre chemin, d'intérêt communal, relie le premier de ces trois villages à la porte de Pierres, en avant de laquelle se déploie à une faible distance le cimetière urbain de Sainte-Hélène où, lors du blocus de 1815, avait été creusé un fossé et avait été établie une batterie destinée à couvrir les ouvrages avancés de la place.

Il avait été question, dans les derniers temps, de protéger par un fort les abords de ces trois villages où, depuis 1815, l'industrie toujours croissante avait établi ses ateliers jusque près de ce cimetière. Ces constructions massives, si rapprochées des remparts, pouvaient en effet, en temps de guerre, offrir les plus grands désavantages à la défense de la forteresse. Mais on songeait si peu à la possibilité d'un siége que, même peu de semaines avant que la guerre contre la Prusse ne fût déclarée, le génie militaire avait encore permis de bâtir un châlet sur le terrain même du rayon de la place.

Devant la porte de Saverne comme devant la porte Nationale, devant la porte d'Austerlitz, celle des Juifs et celle des Pêcheurs, les mêmes inconvénients existaient pour la sécurité de la ville; les mêmes avantages pour un ennemi entreprenant.

Or la bataille de Frœschwiler venait d'être perdue. La

lutte héroïque que les 35,000 hommes de l'armée du maréchal Mac-Mahon avait soutenue pendant deux jours avec tant de courage contre des forces quadruples, n'avait pu contenir le corps des confédérés allemands, et déjà leur avant-garde, composée du contingent badois, s'avançait vers Strasbourg avant que la ville n'eût été approvisionnée, avant que les poudres et les munitions nécessaires à sa défense ne fussent entrées dans ses murs. Elle n'avait point de garnison régulière; toutes les troupes qui, en temps de paix, y résidaient avaient été emmenées par le maréchal pour s'opposer à l'envahissement de la province du côté du nord. Il n'y avait dans Strasbourg que quelques artilleurs, quelques centaines de pontonniers, les dépôts des régiments de ligne et des bataillons de chasseurs qui y avaient tenu garnison, et le 37e de ligne qui, en marche sur l'armée, avait été obligé de s'arrêter dans la forteresse, n'ayant pu rejoindre à temps les troupes du maréchal. A eux s'étaient joints un certain nombre de douaniers, et une soixantaine de marins, arrivés pour monter les canonnières destinées à manœuvrer sur le Rhin, mais qui durent rester sans usage dans la place. Quelques milliers d'hommes de toute arme, débris de la bataille de Frœschwiller, et la garde mobile, qu'on appela des villages au moment même où l'ennemi y apparaissait, vinrent se réunir à cette faible garnison.

Déjà l'ennemi avait su se procurer des intelligences dans la ville parmi le parti protestant, et il avait été instruit du peu de troupes qui s'y trouvaient.

Vers le soir, après une reconnaissance de quelques dragons badois, qui, le pistolet au poing, traversèrent les trois villages de Hœnheim, de Bischheim et de Schiltigheim, une colonne de 1500 cavaliers s'avança jusqu'au cimetière de Sainte-Hélène, d'où un officier, muni du drapeau blanc de parlementaire, se présenta devant la porte de Pierres, et somma le commandant de se rendre, le menaçant, en cas de refus, de bombarder la place.

Cette colonne, sous le commandement du colonel de Gemmingen, revint bientôt dans son cantonnement, fière d'avoir accompli cette audacieuse sommation. Les soldats, en traversant les trois villages, entonnèrent en chœur un chant de guerre où était jurée la mort des Français. Ils s'arrêtèrent à Bischheim, où ils mirent pied à terre, et y firent une réquisition de vivres, de pain et de vin, que les paysans furent forcés de conduire avec leurs charettes jusqu'à Reichstett et à Souffelweyershcim.

La ville, cependant, resta encore ouverte pendant plusieurs jours, recevant dans ses murs de nombreux habitants des villages voisins, qui venaient y chercher refuge et protection. L'ennemi ne paraissait plus, content d'avoir reconnu les alentours de la place, l'état de ses travaux de défense et les voies de communication qui l'entouraient et qui conduisaient d'un village à l'autre. Il établit son quartier-général à Mundolsheim où, quelques jours après, j'eus l'occasion de me rendre, et où je fus instruit de ses intentions.

Une contribution de guerre venait d'être imposée au village de Bischheim. La municipalité réunie invita les principaux citoyens à prendre part à ses délibérations. Comme on reconnut l'impossibilité de fournir tout ce qui était exigé, il fut convenu qu'on enverrait une députation à Mundolshcim, afin d'adresser à cet égard quelques réclamations à l'intendant militaire badois. J'accédai à la prière qui me fut faite de me charger de la négociation, et je pus ainsi, muni d'un laissez-passer, obtenu de l'autorité militaire de Hœnheim, visiter les campements des troupes badoises qui occupaient les villages environnants. Arrivé à Souffelweyersheim, je tombai heureusement sur une avant-garde commandée par un capitaine de ma connaissance, un baron de Rinck, dont j'avais beaucoup connu la famille pendant mon long séjour de l'autre côté du Rhin, à Fribourg. Il me donna de suite un soldat qui m'accompagna au quartier du colonel de Gemmingen, installé chez le curé du lieu. L'église grande ouverte, était jonchée de paille et encombrée de soldats; chaque maison en contenait. Des grande-gardes entouraient partout le village; les chevaux étaient en plein air, attachés au piquet. Dans un champ on voyait quelques pièces de canons de campagne, des caissons, des voitures d'équipages. La cure où je fus introduit était au pouvoir de l'autorité militaire; et je fus reçu par le colonel à la table même du brave curé. Quelques officiers y étaient réunis. Je lui exprimai mon intention de me rendre à Mundolsheim, et le priai de ne point s'opposer à mon projet. Il m'accorda ma demande de la façon la plus cordiale, et, pendant que l'on me préparait un nouveau laissez-passer, je pus me convaincre dans notre conversation qu'il était très-bien instruit de la position et des forces de la garnison de Strasbourg. Il me fut facile de voir qu'il ne doutait pas de la possibilité de se rendre maître de la forteresse par un coup de main. Je me tins nécessairement sur la réserve; mais, en le remerciant de sa courtoisie, je ne pus m'empêcher de lui dire que sa réception avait été trop aimable pour ne point l'engager, à mon tour, de s'abstenir du coup de main projetté, où j'étais persuadé qu'il se brûlerait les mains. En le quittant, il me dit que sans doute je rencontrerais le Grand-Duc de Bade à Mundolsheim.

En effet, je me croisai avec Son Altesse à un kilomètre environ de Souffelweyersheim; le prince était à cheval, accompagné seulement d'un officier, et suivi d'un domestique en livrée. Je passai outre et arrivai à Mundolsheim, où j'eus à essuyer les mêmes formalités aux avant-postes, et où j'obtins de M. de Laroche, intendant militaire badois, tout ce que j'avais à lui demander au nom de la commune.

Je n'ai plus revu depuis le colonel de Gemmingen, et cependant son nom restera attaché à mes souvenirs du siége de Strasbourg, où, le premier, il joua un rôle. Il est cer-

tain que si le corps d'armée français, après la bataille de
Frœschwiller, au lieu d'être coupé dans sa retraite et de
s'être dirigé sur Saverne, eût pu revenir sur l'Ill et se main-
tenir sous le canon de la place, jamais le bombardement n'au-
rait eu lieu. Comme me le disait plus tard un colonel prussien : « La démonstration des Badois n'était que pour jeter
» la terreur; la possession de la ville est ensuite devenue,
» pour les Prussiens, une question d'amour-propre. »

Les Badois, les premiers, bombardèrent Strasbourg dans
la nuit du 14 au 15 août. Là, encore, figura le colonel de
Gemmingen. La veille, par son ordre, les habitants de
Schiltigheim furent avertis qu'il eussent à abandonner
leurs demeures; il ne pouvait répondre que le village ne
serait point incendié. La terreur s'empara des villageois,
surtout de ceux dont les habitations bordaient le chemin
d'intérêt communal qui relie Schiltigheim à la forteresse,
et ceux qui occupaient le quartier le plus exposé aux projectiles de la place en face des remparts. Déjà, la veille,
le canon de la ville avait tiré dans la direction du village
de Kœnigshoffen, et vers le soir, dans la direction du cimetière de Sainte-Hélène où une vingtaine de Badois avaient
péri. Les batteries de la porte Nationale tirèrent aussi dans
la direction de la rotonde du chemin de fer, occupée par
l'infanterie ennemie, qui, pour masquer ses travaux, avait
incendié vingt-quatre wagons.

L'épouvante était générale. De Schiltigheim elle se communiqua à Bischheim et à Hœnheim, dont une grande
partie des habitants se sauvèrent, emportant leurs objets
les plus précieux. Hommes, femmes, enfants, des familles
entières fuyaient; les uns gagnaient l'Ill pour chercher un
refuge à la Robertsau, les autres, avec leurs voitures, char-
gées de meubles, de literies et de coffres, se dirigeaient vers
la Wantzenau. Les plus rapprochés de mon habitation,
mettant en moi leur confiance, vinrent me demander si je

quittais la commune; un peu rassurés par mes paroles, ils reprirent courage et retournèrent se renfermer dans leurs maisons. Je recueillis, ce soir là même, une famille malheureuse, qui, pendant la fusillade qui s'échangeait entre les Français, du haut des remparts, et les troupes ennemies, placées dans les houblonnières et au milieu des tombes du cimetière de Sainte-Hélène, avait été obligée d'abandonner tout son avoir; il y avait le mari, la femme, la fille et une sœur, n'emportant avec eux qu'une malle avec l'argenterie et les objets précieux qu'ils avaient pu y jeter à la hâte. Pendant cinq semaines ils trouvèrent chez moi l'hospitalité; mais tout ce qu'ils avaient laissé derrière eux fut la proie du pillage et des flammes.

Les premiers projectiles qui tombèrent sur la ville, furent lancés par les batteries volantes. Le quai Saint-Jean, le faubourg de Saverne, le Marais-Vert et la gare du chemin de fer, en furent surtout victimes. Pendant ce temps, l'infanterie badoise passait l'Ill à l'ancien gué devant Bischheim, où les matériaux d'un établissement de natation nouvellement fondé et ceux des bâtiments en construction dans les trois communes, avaient permis aux ingénieurs badois de jeter un pont. A trois heures du matin, une détonation terrible retentit. L'ennemi venait de faire sauter le pont à colonnes qui traversait le canal de la Marne au Rhin, et dont la destruction le rendait maître de la Robertsau. Déjà les soldats, cantonnés dans les trois communes, annonçaient aux habitants un feu d'artifice à leur manière pour fêter la Saint-Napoléon. Le bruit du canon qui, vers minuit, retentit à la fois des deux côtés de l'horizon, vers Oberhausbergen et près de nos trois villages, nous signala le danger que couraient les malheureux habitants de la ville. D'une lucarne de mon toit, nous pouvions suivre des yeux les sillons tracés dans l'air par les obus, les bombes, les fusées incendiaires qui se croisaient en tous sens. La banque de France, et plusieurs maisons de la promenade du Broglie, la Monnaie, le Grand-Séminaire, le Lycée, nombre d'habitations dans tous les quartiers de la ville eurent plus ou moins à souffrir. Un projectile vint éclater au pied de la statue de Gutenberg, qui fut épargnée. Le plus proche voisin de notre belle Alsace, était devenu notre plus terrible ennemi; se sentant fort, abrité derrière la puissance du nord qui le traîne à la remorque, il insultait aux malheurs de la ville incendiée. Depuis le sombre massif du Contades jusqu'au-delà de l'horizon de Schiltigheim, dont les dernières maisons empêchaient notre vue, toute la partie de la ville que nous apercevions nous paraissait en feu.

Cependant une sortie avait eu lieu du côté de Neuhoff et d'Illkirch; elle était commandée par le colonel Fiévet du 16e régiment d'artillerie-pontonnier, qui, quelques jours après, mourut de la blessure qu'il reçut en dirigeant sa colonne.

Les Badois qui, avec leurs batteries volantes, avaient déjà fait tant de ravages, furent, quelques jours après, remplacés par les régiments prussiens du corps du général de Werden. Cet officier, sentant l'impuissance d'un coup de main, tenté par ordre du général de Beyer que la Prusse avait imposé comme ministre de la guerre au grand-duc de Bade, commença, dès son arrivée à Mundolsheim, les préparatifs d'un siége en règle. Le 17 août, il imposa une contribution journalière de 1600 francs à la commune de Bischheim, et mit en réquisition tous les jeunes hommes, pour les employer aux travaux des gabions et des fascines. Dès le lendemain, le canon de la place tonnait, et nous entendions une vive fusillade entre les tirailleurs français sortis des remparts, et les Badois et les Bavarois postés dans les brasseries et les malteries situées au nord du cimetière de Sainte-Hélène, que nos troupes avaient mission d'incendier. Les allées de sapins semi-

séculaires du cimetière qui jetaient une ombre si mélan-
colique sur les monuments funèbres, furent totalement
rasées. Nous eumes toute la journée le spectacle des mar-
ches et contremarches des troupes ennemies, qui, le soir,
finit par la retraite des Badois repliés sur les trois villages
de Hausbergen; les régiments prussiens les remplacèrent
dans nos trois communes.

A l'entrée de la nuit, le bombardement recommença,
plus terrible que les nuits précédentes. L'air était radica-
lement éclairé par les mille feux qui se croisaient en tous
sens, et dont le bruit strident se succédait sans interruption. Nous suivions des yeux avec anxiété leur longue
traînée, pour les voir tomber sur les maisons, dans les rues,
dans les cours de la ville en alarmes où, ça et là, nous
voyions un incendie élever, au milieu d'une fumée blafarde,
ses gerbes de feu rouges et brillantes. La cathédrale elle-
même ne fut pas épargnée, et l'on raconte que la main
sacrilége de l'officier qui pointa sur elle son mortier, reçut,
en retour, de la ville un boulet qui la lui brisa. Je n'affir-
merai pas le fait; mais déjà l'antiquité païenne croyait à
Némésis. Une des galeries de la façade principale fut ébré-
chée par le projectile.

Du côté opposé de la ville, nous distinguions dans le
lointain les mille feux lancés contre la citadelle par une
batterie établie à Kehl, près du Rhin. Ses bombes. ses
obus, détruisaient l'église et les bâtiments de l'État, sans
que le canon de la place pût s'y opposer. Quelques projectiles, poursuivant leur course aérienne, venaient tomber
jusque sur l'Arsenal et la manufacture de tabac.

C'était au milieu de ces scènes d'épouvante, où chacun
fuyait et, se réfugiant dans les caves, cherchait à se pré-
server du danger, où le père voyait à côté de lui périr son
enfant, l'épouse son mari, le vieillard brûler l'habitation
qui l'avait vu naître, que de hardis travailleurs, soutenus

par les troupes de la forteresse, et bravant les obus et la fusillade, portaient l'incendie dans les bâtiments trop rapprochés des remparts et coupaient les arbres, pour permettre à l'artillerie des forts de tonner sur l'ennemi.

Ce dernier commençait en effet ses travaux de siége avec une rare perfection. Chaque matin nous pouvions voir sous nos fenêtres rentrer les pionniers et les canoniers prussiens et wurtembergeois, la figure et les mains noircies par la poudre, et pour les remplacer, d'autres compagnies se diriger vers les tranchées en chantant, pour se donner du courage, un air patriotique de leur pays. Plus de deux mille hommes, chaque soir, infanterie ou landwehr, marchaient du côté de Strasbourg pour les soutenir. On faisait dans les communes environnantes des réquisitions d'hommes, de voitures, de chevaux; on exigeait toutes les pelles, toutes les pioches, toutes les brouettes des paysans. On poussait, d'un autre côté, la crainte d'un soulèvement jusqu'à exiger que tous ceux qui possédaient des armes, en fissent le dépôt à l'autorité militaire. A trois reprises différentes, ces sommations eurent lieu. Grâce à mon nom, je pus néanmoins obtenir la permission de garder celles qui m'appartenaient.

Le 22 août, le général de Werder somma de nouveau la ville de se rendre, lui annonçant qu'il était prêt au siége et au bombardement de la place.

Le général de division Uhrich, commandant supérieur, refusa, et, en même temps, avertissant dans une proclamation les habitants de la ville du danger qui les menaçait, il leur annonça que des armes seraient délivrées aux citoyens désignés par M. le maire, à l'effet de concourir à la protection des remparts.

Le 23, en effet, à neuf heures moins un quart du soir, un coup de canon donna le signal du bombardement, qui dura sans interruption pendant onze heures consécutives.

Toutes les batteries ennemies établies comme une enceinte de fer autour de la ville, faisaient tomber sur elle une pluie de projectiles, qui en criblèrent les monuments et les maisons particulières. La cathédrale fut encore touchée. Les trois faubourgs, National, de Saverne et de Pierres, furent surtout écrasés sous les obus, ainsi que la citadelle contre laquelle les Badois avaient encore augmenté leur batterie blindée, qui maintenant comptait trente-deux canons et huit mortiers. La nuit était sombre, et nous écoutions avec anxiété chaque détonation qui frappait l'air, chaque bruit qui annonçait un désastre.

Cependant, au quartier-général prussien les exigences devenaient de jour en jour plus grandes. Non seulement on sommait les villages de livrer des vivres et de l'argent, mais encore on retenait les hommes, enlevés de force pour travailler aux fascines et aux tranchées, et dont beaucoup, pères de famille, n'avaient plus revu leurs femmes et leurs enfants depuis plusieurs jours. Non seulement on nourrissait mal ces infortunés, mais encore, pour la moindre insubordination, on leur faisait subir les plus mauvais traitements. Un d'eux, compositeur d'imprimerie, avait, le jour même, été transporté à Bischheim dans un état tellement pitoyable et les reins tellement écorchés par les coups qu'on lui avait administrés, que sa vie se trouvait en danger. La municipalité s'en émut, et elle eut de nouveau recours à moi, afin d'obtenir un adoucissement à cet état de choses.

Pour la seconde fois je me rendis donc à Mundolsheim. J'étais curieux de voir le général qui venait de prendre la responsabilité du bombardement et de l'incendie d'une cité, dont devaient être principalement victimes des citoyens paisibles que le gouvernement prussien avait la prétention de faire ses sujets.

Il me reçut sans difficulté, et j'obtins de lui tout ce que

j'avais à lui demander. Dans le cours de la conversation que nous eûmes ensemble, il rejeta sur Napoléon III tous les maux que les nécessités de la guerre imposaient au pays et surtout, ajouta-t-il, l'acte militaire dont il était chargé et qu'il était le premier à regretter. Il me donna par écrit les ordres qu'il transmettait au général de Minstrens, pour faire rentrer chaque jour les hommes de corvée que la commune devait envoyer. Il ne me restait qu'à le remercier; et je me mis de suite à la recherche du général de Minstrens, que je ne pus rencontrer qu'une heure après, dans la rue. Il avait lui-même déjà vu le général de Werder, qui lui avait fait part de ma démarche; et il m'annonça que les ordres avaient déjà été donnés dans le sens que je le désirais à l'officier chargé de la surveillance des travaux.

J'observerai ici que tous les officiers supérieurs auxquels j'ai eu l'occasion de parler pendant le siége, ont toujours été à mon égard d'une extrême politesse. Il n'en fut pas toujours de même des officiers subalternes, trop enclins à agir en ennemis et en maîtres qui croient n'avoir rien à ménager. Ayant eu à me plaindre de plusieurs de ces derniers, qui, de force, voulaient envahir ma demeure, j'eus le bonheur de trouver dans le général-major d'Avemann et dans S. Exc. le général Ollech, gouverneur temporaire de Strasbourg, la satisfaction la plus prompte. J'en dirai autant du général de Treskow, qui commandait la division à Hœnheim, et, qui, sans difficulté aucune, me donna par écrit l'autorisation de conserver mes armes.

A mon retour à Bischheim, je recueillis dans un fossé une magnifique bombe prussienne non chargée qui, sans doute, y avait roulé d'une voiture de munitions. Elle pèse 57 kilogr. Je l'emportai comme souvenir, et la déposai sur une couche de rocailles, où elle figure dans mon jardin.

Mais déjà la ville commençait elle-même à nous envoyer des projectiles. Un obus était, pendant mon absence du

village, tombé sur le toit du conseiller municipal qui m'a-
vait accompagné, et était entré dans sa chambre, où il avait
tout brisé. La nuit qui suivit fut une des plus épouvantables
du siége.

Dès huit heures du soir, toutes les bouches à feu que
l'ennemi avait pu réunir, tonnèrent à la fois. Pas une place,
pas une rue, pas une maison, pas un temple, pas un seul
point où mille feux entrecroisés ne tombaient. Tandis que
l'incendie dévorait le temple neuf et la riche et précieuse
bibliothèque de Strasbourg; que le bâtiment de l'Aubette,
contenant le Musée, s'effondrait; que, sur la place du
Broglie, la maison Scheidecker, un des édifices modernes
les plus splendides, tombait en ruines fumantes; que,
dans tous les quartiers de la ville, les cris de détresse, de
désespoir, le râle des mourants se faisaient entendre; que,
dans chaque rue l'on fuyait l'incendie, que les projectiles
anguleux labouraient les toits et lançaient la mort, nous
vivions, nous aussi, dans une anxiété continuelle, craignant
qu'une des bombes de la place ne vînt tomber sur nos têtes.
Déjà à Schiltigheim, nous distinguions l'incendie qu'un
obus y avait allumé dans deux granges. Plus de vingt maisons de notre commune avaient été atteintes.

En vain l'évêque de Strasbourg tenta, le lendemain, d'in-
tercéder auprès du grand-duc de Bade, avec le père duquel,
dans des temps meilleurs, il avait eu de bienveillants rap-
ports. Peut-être ce prince se souviendrait-il qu'en 1848,
le grand-duc Léopold, fuyant la révolution, et obligé, après
avoir quitté sa capitale, de chercher un asile sur le sol
français, avait exprimé la généreuse pensée que jamais lui,
ni ses enfants n'oublieraient l'hospitalité qui, alors, lui
était offerte. Mais l'évêque fut arrêté aux avant-postes, où
il fut informé que sa démarche serait vaine.

La nuit du 25 amena sur la ville de nouveaux malheurs.
Les mêmes scènes d'épouvante, les mêmes incendies, les

3

mêmes désastres. La toiture de la nef de la cathédrale fut dévorée par le feu. Plusieurs des colonnettes et des statues du temple furent mutilées. L'orgue fut troué par un obus, et le sol jonché des débris des ogives et des vitraux atteints par les projectiles. L'hôpital civil ne fut pas épargné. Son église s'enflamma, menaçant de communiquer le feu aux salles remplies de malades, d'impotents, de vieillards qui ne pouvaient fuir. Heureusement le fléau fut combattu avec l'énergie du désespoir, et l'église seule fut détruite.

Chaque jour, chaque nuit, ces scènes de terreur et de destruction se renouvelaient. Nous suivions avec anxiété les péripéties de ce drame sanglant, souvent sans pouvoir nous rendre compte des détonations épouvantables qui venaient frapper nos oreilles et dont la révélation nous était donnée le lendemain, en apprenant, tantôt, que la ville avait fait sauter tel édifice, tel pont, telle construction privée qui gênait sa défense et servait de retraite à l'ennemi; tantôt, que ce dernier avait placé sur un point quelconque ses gigantesques canons, dont les boulets coniques devaient creuser les murailles de la place.

Le 29, il y eut un mouvement d'épouvante parmi les troupes stationnées à Bisscheim. Le clairon retentissait, appelant les soldats sous les armes. On eut dit une ruche dans laquelle s'était introduit un ennemi. La fusillade se faisait entendre. C'étaient les Français qui s'étaient avancés jusqu'au village de Schiltigheim et dont les chassepots envoyaient jusqu'à Bischheim leurs balles meurtrières. Ils ne profitèrent pas néanmoins de leur avantage, pour faire évacuer les trois communes. La garnison, pleine de courage et d'audace, était trop faible pour entreprendre une attaque aussi énergique loin des murs de la forteresse. Nous vîmes passer sous nos fenêtres deux officiers prussiens, tués dans le combat et portés sur des brancards. Un bon nombre de soldats avaient été blessés. La fusillade dura jusqu'à la nuit, qui fut assez tranquille de notre côté par suite des pertes que les batteries prussiennes avaient éprouvées.

Ces sorties, de la part des Français, étaient toujours un objet de terreur pour les troupes de la Landwehr prussienne, dont les hommes, presque tous mariés, redoutaient surtout de se rendre aux tranchées. On mettait tout en œuvre pour retremper leur courage. On leur distribuait de petits livres mystiques (1), on les contraignait aux pratiques religieuses. Le 11 septembre, l'autorité prussienne, par ordre supérieur, fit approcher de la Sainte Table tous les soldats. Après les avoir, la veille, conduits à l'église, les protestants pour entendre le sermon de leur *Feldpater*, les catholiques, pour se confesser à leur aumônier, ils y furent conduits dans le même ordre le lendemain, pour recevoir la communion. Pour les soldats catholiques des provinces rhénanes, cet acte religieux n'eut rien de particulier. Je crois intéressant, comme tableau de mœurs, de reproduire celui que présentait la partie de l'église affectée au culte protestant, quand les soldats de cette communion y entrèrent. Le *Feldpater*, après avoir longtemps discuté avec le curé catholique du lieu pour avoir à sa disposition le chœur de l'église, dut, sur son refus, y renoncer et se contenter de l'autel placé près de la chaire, à l'intérieur de la nef. On y apporta des paniers pleins de pains et quantité de bouteilles de vin cachetées. Puis le calice rempli et les pains découpés, chaque soldat reçut sa part de l'agape.

En l'honneur, sans doute, de cette cérémonie religieuse,

(1) *Eile und errette deine Seele, oder die schrecklichen Folgen des Zoegers.*
Herausgegeben vom hamburger Traktalverein.
C'est une admonition à l'armée pour se tenir prête à mourir.
Jetz ist die selige Zeit!
Zitt're, dich zu verspaeten! etc.

le canon se tut tout le reste de la journée. Mais le soir, nous vîmes les troupes, bénites, se diriger de nouveau vers les tranchées. Bientôt après le coup sec de la pièce de campagne, destinée à donner le signal, nous entendîmes toutes les batteries recommencer le feu, et au nom du Dieu de paix, du roi et de la patrie allemande, lancer sur la ville la mort et l'incendie.

Nous apprîmes le lendemain qu'un des feux que nous avions vus dans la journée du 10 septembre s'élever en colonne épaisse du côté du Contades, était celui du théâtre. Plusieurs centaines de personnes, ruinées par le bombardement, s'y étaient réfugiées, hommes, femmes, enfants, vieillards. Elles s'étaient établies dans les caves et les couloirs. Il fallait les sauver en les guidant au milieu de l'épaisse fumée qui les enveloppait, tandis que les bombes pleuvaient encore sur le monument et y jetaient la destruction et la mort.

La préfecture, elle aussi, fut incendiée, anéantie. Le beau pont du canal, les bâtiments de l'école d'artillerie furent criblés de boulets.

Le 15, vers midi, un obus vint frapper la flèche de la cathédrale juste au-dessous de la croix qui la surmonte. La croix pencha; mais elle resta sur l'immense pyramide, grâce au fer du paratonnerre qui la retint.

Pendant que les obusiers causaient ces ravages, les assiégeants, chaque nuit, rapprochaient leurs parallèles, et de leurs plus grosses pièces ébréchaient les épaisses murailles de la forteresse. Presque chaque nuit aussi, le village recevait quelques obus, que lui envoyaient les batteries de la ville. L'un d'eux éclata près de mon toit qu'il traversa. Un autre alluma un incendie dans une grange, qui communiqua le feu à la maison voisine. Plus de cinquante de ces projectiles passèrent au-dessus de nos têtes, pour aller tomber dans tous les quartiers de la commune. Cinq personnes en furent atteintes et périrent, soit sur le coup, soit des suites de leurs blessures.

La nuit du 24 au 25 septembre, il y eut depuis dix heures du soir jusqu'à la pointe du jour un combat d'infanterie, dont les feux, mêlés à ceux de l'artillerie et des mitrailleuses, nous tinrent continuellement éveillés. Le 26 et le 27 ces combats recommencèrent. On s'attendait, à chaque instant, dans nos villages, à une de ces sorties désespérées faites pour en déloger l'ennemi. Le bombardement et la canonade n'avaient pas cessé un instant; et depuis l'ouverture du feu devant Kehl, la citadelle n'avait pas eu un moment de répit. Les ruines étaient incalculables. Les murailles étaient labourées par les boulets, les portes enfoncées, les ponts détruits, la vieille forteresse abimée. La brèche, vide immense, ne pouvait plus être défendue que par les baïonnettes françaises contre une armée de 50,000 combattants.

Et cependant, chaque famille avait à pleurer un parent, un ami. Près de trois cents habitants, hommes, femmes et enfants avaient péri, écrasés, foudroyés. Près de deux mille avaient été blessés, beaucoup étaient mutilés pour la vie. Deux cent quarante-et-une bouches à feu avaient lancé sur la ville, pendant les quarante-six jours du siége, 193,722 projectiles, et l'incendie n'avait pas cessé un seul jour. Le conseil de défense ayant reconnu désormais le maintien de la place impossible, prit avec le général-commandant la douloureuse résolution de capituler, et d'épargner par cet acte aux habitants déjà si éprouvés des malheurs plus grands encore, si l'assaut se donnait.

L'ennemi, lui aussi, avait eu beaucoup à souffrir, et chaque jour, des morts et des blessés nous avaient été signalés. Le village de Bischheim avait encore, le matin, reçu de la place plusieurs projectiles, lorsque, l'après-midi, le feu cessa, et nous entendîmes une musique militaire. C'était le régiment de la garde prussienne, stationné dans les trois communes qui rendait les derniers honneurs à un colonel atteint mortellement dans le combat de la matinée. On le portait au cimetière de Bischheim, où, déjà, des tertres nombreux marquaient la place où gisaient des officiers de tout grade enterrés pendant le siége. La marche funèbre, accompagnant le convoi, donnait à cette solennité quelque chose de tristement imposant.

Mais à peine la cérémonie avait-elle eu lieu, que l'allégresse succéda parmi les troupes à ce silence de mort. On venait d'apprendre la reddition de la place, et chaque soldat s'en réjouissait, espérant que cet événement accélérerait son retour dans sa patrie. Quelque incroyable que nous parût le fait, après la nuit terrible que nous venions de passer, nous dûmes nous rendre à l'évidence, lorsque, le lendemain, nous vîmes défiler sur la route de Hausbergen à Bischheim la longue file des prionniers de guerre que l'on dirigeait sur Rastadt. Sept cents de leurs compagnons avaient échappé à cette dure captivité, par la mort glorieuse qu'ils avaient trouvée derrière les remparts.

Le grand drame était enfin achevé.

. . . .

. . . .

Lorsque, deux jours après l'ouverture des portes, je me dirigeai vers la ville en traversant le village de Schiltigheim, je vis encore en batterie dans une tranchée, près du pont du pont du Wacken, récemment construit, et aujourd'hui en ruines, une vingtaine de canons de gros calibre en acier, qui provenaient de l'armement de la place de Rastadt, et que, à mon retour, je vis hissés sur des voitures que des artilleurs se préparaient à reconduire dans cette forteresse. Tout était désastre autour de moi. Ici une fabrique n'offrant plus que ses murs noirs et lézardés; là, une villa méconnaissable, dont les vestiges se montraient à peine sous les arbres ébréchés qui naguère l'ombrageaient, partout des ruines; partout l'incendie et la désolation. Le

Contades, promenade si luxuriante, n'avait plus un seul arbre qui ne fût plus ou moins mutilé. Ici des troncs coupés, là des branches qui pendaient ou qui jonchaient les pelouses, partout du bois arraché comme si la tempête avait fait trembler la nature. Toutes les maisons de campagne qui bordaient la route, près de la ville, étaient en ruines; les portes de la forteresse, les ponts, les remparts en ruines; la préfecture, le théâtre en ruines; le tribunal, le faubourg de Pierres, tout le marais Kageneck, la porte et le faubourg National, plus ou moins en ruines. Partout où mes pas me dirigeaient, les traces du feu ou des boulets. Avec quel serrement de cœur ne parvins-je pas au temple neuf, détruit, et à l'ancien chœur de l'église, dont les vastes ogives étaient béantes, et où, dans nos temps modernes, avaient été réunis avec tant de soin les trésors littéraires des siècles écoulés. Ici encore des ruines, et des ruines irréparables. Les murs se relèvent; la nature répare vite ses désastres; les trésors de l'esprit humain une fois anéantis ne se retrouvent plus. J'en dirai autant du Musée de peinture qui, quoique modeste, renfermait néanmoins quelques toiles dignes de remarques. Le Corrège, le Tintoret, le Guide, et parmi les Flamands, Jordaens, Adrien Van Ostade, et tant d'autres y étaient représentés. Deux statues d'Ohmacht, le Corrège de la statuaire, et deux statues de Grass, son élève, dont l'Icare, coulé en bronze, était un chef-d'œuvre, tout cela a été détruit.... et dans quel but! — Plus de trois cents millions répareraient à peine les dégâts matériels que ce siège a occasionnés. Cinq cents maisons ont été détruites ou brûlées; l'œuvre d'Erwin de Steinbach a été mutilée.... et pourquoi! Plus de huit mille habitants sont ruinés, sans toit, sans mobilier, sans asile; près de vingt-cinq mille prolétaires sont sans pain... quel sera leur avenir?

M. DE R.